AF381274

Wolfgang Schnepper

Verbesserung der fußballspezifischen kognitiven Fähigkeiten im Jugend- und Seniorenfußball

Wolfgang Schnepper, Jahrgang 1964, Diplomsportlehrer
Ex-Bezirksligaspieler im Fußball,
1988-89 in der deutschen Triathlonspitze,
1990 Bayerischer Meister im Body-Building,
1998 Konditionstrainer im bezahlten Fußball,
Fußballabitur mit der Note "sehr gut",
2003 - 2006 Sportlehrer an einer Gesamtschule,
Autor und Übersetzer mit über 50 geschriebenen Büchern
über Fußballtraining, Fußballroman, Fußballgeschichte,
Sportpsychologie, Fitness, Kurzgeschichten, Erzählungen und
vieles mehr.

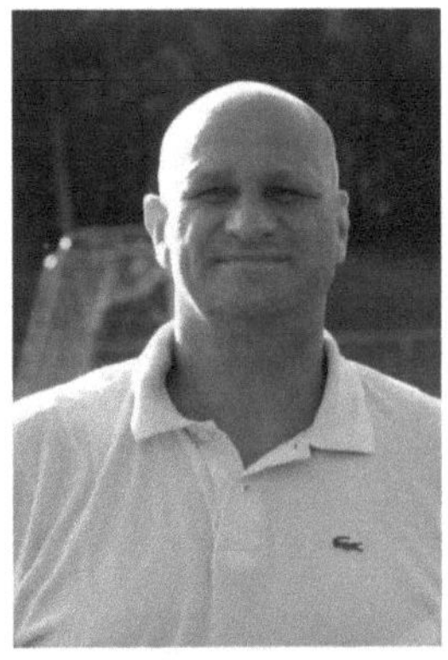

©2025 Wolfgang Schnepper
Satz und Layout: Wolfgang Schnepper
Grafiken und Bilder Manfred Claßen
Verlag: BoD · Books on Demand GmbH, In de Tarpen 42,
22848 Norderstedt, bod@bod.de
Druck: Libri Plureos GmbH, Friedensallee 273,
22763 Hamburg

ISBN 978-3-7583-5072-6

Inhaltsverzeichnis

Vorwort

Fußballspieler und Fußballspielerinnen müssen immer wieder vor neue Situationen gestellt werden, in denen sie komplexe Zusammenhänge schnell erkennen und dementsprechend auch schnell agieren müssen. Die Fähigkeit zwischen verschiedenen Aufgaben mental zu wechseln, bezeichnet man als kognitive Flexibilität und befähigt den Spieler sich schnell auf neue Anforderungen ein- und auch umzustellen. Fußballspieler und Fußballspielerinnen mit diesen Fähigkeiten können also bei veränderten Situationen mental flexibel und schnell zwischen Aufgaben und Spielvariationen wechseln.

Dieses Buch beinhaltet viele Trainingsübungen mit Skizzen, welche die fußballspezifischen kognitiven Fähigkeiten und die kognitive Flexibilität entscheidend verbessern. Diese relativ komplexen Übungen können Trainer/innen zum Teil schon ab der D-Jugend einsetzen.

Begriff Kognition

Unter dem Begriff der Kognition zählt die Psychologie alle informationsverarbeitenden Prozesse höherer Lebewesen. Dazu rechnet man Wahrnehmungs- und Denkprozesse, sowie deren Ergebnisse. Informationsverarbeitende Prozesse laufen sowohl bewusst, als auch unbewusst ab.

Zu den kognitiven Fähigkeiten gehören Aufmerksamkeit, Erinnerung, Lernen, Kreativität, Planen, Orientierung, Vorstellungskraft, Verarbeitung mentaler Prozesse oder Wille.

Was ist kognitiv flexibel?

Kognitive Flexibilität bedeutet die Fähigkeit, sich flexibel auf neue, verändernde und/oder unerwartete Ereignisse einzustellen. Resiliente Menschen können starre Denkmuster vermeiden und passen sich den Gegebenheiten flexibel an.

Die Athletik der Sportler ist mittlerweile perfektioniert. Jetzt wird der Mittelpunkt bei Profi-Fußballern umgelenkt auf die großen Reserven des Gehirns. Joachim Löw berichtete zum Beispiel, dass es noch jede Menge Spielraum für die Entwicklung der Denk- und Wahrnehmungsprozesse gibt und dass diese in Zukunft intensiv trainiert werden müssen, um neben dem Körper auch die mentalen Fähigkeiten auf den optimalen Zustand zu bekommen. Er forderte weiterhin, dass Fussballspieler, halt so wie Schachspieler, bis zu zwanzig Züge im voraus denken sollen (in Bezug auf den Fußballsport ist das natürlich ein wenig übertrieben dargestellt, bedenken wir das Kasparow zum Beispiel einen IQ von 190 hat). Es geht aber insgesamt darum, dass sich Fußballspieler noch schneller und besser in Spielsituationen entscheiden können.

Michael Löbbert, Sportmediziner und Neurologe formuliert es wohl am besten: "Die Quintessenz ist: Du brauchst nicht nur Sport, um die Kognition zu fördern, sondern auch kognitives Training, um sportliche Leistungen zu optimieren."

Sportwissenschaftliche Forschungen kamen zu dem Schluss, dass die kognitiven Fähigkeiten bei Sportlern der ausschlaggebende Faktor für Spitzenleistungen sind. Dabei sind die kognitiven Fähigkeiten das größte Defizit zwischen Profi- und Amateursportlern. Profisportler erkennen Situationen und Spielmuster wesentlich schneller als Amateursportler, welche für die Antizipation im Fußball und für die letzten "10 Prozent" von entscheidender Bedeutung sind. Sie realisieren Bewegungsmuster von Mitspielern, Gegenspielern und des Balles wesentlich schneller und schätzen deren Abläufe überdurchschnittlich gut ein und entscheiden sich dementsprechend besser. Darüber hinaus besitzen sie auch unterschiedliche Suchstrategien. Das bedeutet, dass die Spieler je nach Situation die Wahrnehmung verändern und besser einschätzen können. Um taktische Muster im 11 gegen 11 zu erkennen, verarbeiten sie andere Informationen als in Minisituationen des 1 gegen 1 oder 2 gegen 2. Sie haben die Fähigkeiten die richtigen Informationen wahrzunehmen, sich darauf zu fokussieren und überflüssige Informationen, wie Rufe von Zuschauern oder auch Unebenheiten des Platzes zu ignorieren. In einer richtig wahrgenommenen Situation kann es sein, dass ein Spieler auf unterschiedliche Lösungsmöglichkeiten stößt, wie in der auf der nächsten Seite abgebildeten Spielsituation. Er benötigt nun auch Entscheidungskompetenzen um eine der vier Handlungen durchzuführen:

Den Doppelpass suchen, Dribbling, Abspiel in die Tiefe oder Abspiel nach außen.

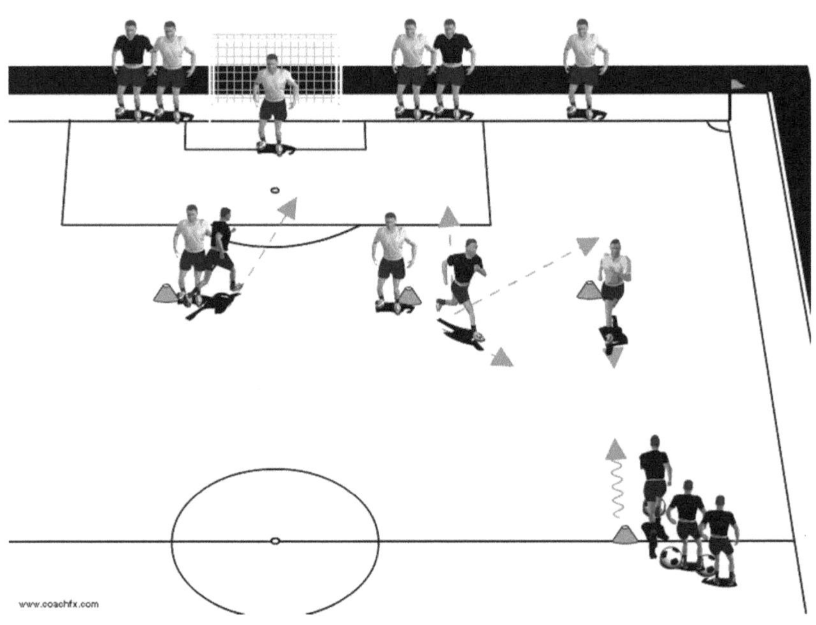
www.coachfx.com

Um sich zu entscheiden ruft der Fußballspieler seine Erfahrungen ab, die sich im Arbeitsgedächtnis des Gehirns befinden.

Erfahrungen sind allgemein gesehen, die durch Wahrnehmung und Lernen erworbenen Kenntnisse und Fähigkeiten. Auch beeinflusst mittels Spielsituationen, wie häufig der Spieler eine mögliche Handlung bereits erfolgreich getätigt hat und wie diese halt emotional bei diesem Athleten verbunden sind. Auch das ist in seinem Arbeitsgedächtnis mitgespeichert.

Trifft ein Spieler eine Entscheidung bewusst, führt dies un-weigerlich zu Zeitverzögerungen, da er Entscheidungen tref-fen muss.

Wenn ein Spieler hingegen Entscheidungen intuitiv trifft, dann ist die Reizverarbeitung viel schneller und der Spieler handelt unmittelbar. Dies ist häufig dann der Fall, wenn der Fußballspieler diese Situationen schon häufig erlebt hat und seine Erfahrungen nicht mehr bewusst treffen muss.

Kommt dieser Athlet jedoch in noch komplexere Situationen, in denen er weniger Erfahrungen oder gar keine hat, verzögern sich auch bei ihm die Verarbeitungsprozesse und er entscheidet zwangsläufig später.

Spieler müssen also immer im Training vor neue Situationen gestellt werden, in denen sie komplexe Zusammenhänge schnell erkennen und dementsprechend agieren müssen. Die Fähigkeit zwischen verschiedenen Aufgaben mental zu wechseln bezeichnet man als kognitive Flexibilität und er-möglicht dem Fußballer sich schnell auf neue Anforderungen ein- und umzustellen. Der Athlet mit diesen Fähigkeiten kann bei veränderten Situationen mental flexibel und schnell zwischen Aufgaben wechseln.

11

Das Training der exekutiven Funktionen bekommt damit eine besondere Bedeutung zugesagt. Auch hierauf gehen wir in diesem Buch intensiv ein.

"Das Spiel wird immer schneller, die Räume immer kleiner. Wer handelt unter diesem Zeitdruck am schnellsten? Wer hat Lösungen parat? Das ist die Zukunft. Kognitive Bereiche, das muss man schulen in den U-Mannschaften"

Joachim Löw

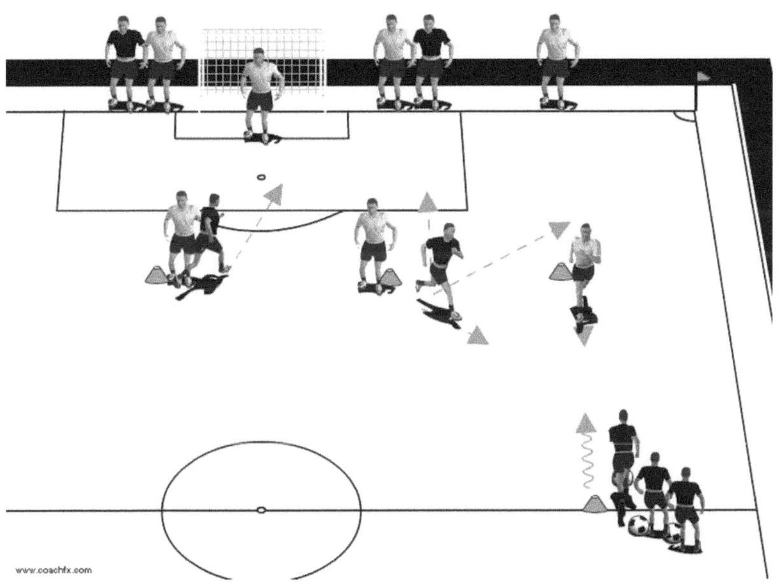

Ein Mittelfeldspieler führt den Ball entlang der Seitenlinie in die gegnerische Spielfeldhälfte. Es befinden sich 3 Abwehrspieler und 2 Stürmer in der gegnerischen Hälfte. Wir behandeln hier die möglichen Laufwege des ballnahen Stürmers. Alle möglichen Laufwege können mit einem einfachen Übungsaufbau trainiert werden (siehe Grafik). Auch diese Übung sollte von beiden Seiten ausgeführt werden.

Übungsaufbau:

- 3 Hütchen werden ca. 25 Meter vor dem Tor positioniert (siehe Grafik).
- An den beiden zentralen Hütchen stehen jeweils ein Verteidiger und ein Stürmer.
- An dem Außenhütchen steht ein weiterer Verteidiger.
- Die gleiche Spielerkombination steht nochmal an der Toraußenlinie.
- In Höhe der Mittellinie steht außen ein weiteres Hütchen hinter dem sich Spieler mit Ball stellen.

Übungsablauf:

Der erste Spieler mit Ball startet ein Dribbling, er weiß aber nicht welche Aktion für ihn vorbereitet wird, denn die Verteidiger und Stürmer verharren zunächst in einer starren Position. Sobald ein Stürmer mit einer der hier vorgegebenen Laufbewegungen (siehe Grafik Seite 13) startet, soll der ballführende Mittelfeldspieler mit der entsprechenden Aktion reagieren.
Der Mittelfeldspieler weiß im Vorfeld also nicht, welche Aktion gestartet wird und soll mit dem Einleiten einer der bis zu vier Möglichkeiten sofort dementsprechend reagieren.

1. Der ballnahe Stürmer kommt dem Mittelfeldspieler entgegen und spielt einen **Doppelpass** mit diesem. Der Mittelfeldspieler läuft bis zur Toraußenlinie und flankt den Ball in den Strafraum, in welchem der ballnahe Stürmer nach dem Doppelpass sprintet. Die Verteidiger sind bei dieser Übung vollaktiv. Im Anschluss tauschen die Spieler an der Toraußenlinie die jeweiligen 3 Positionen.

2. Der erste Spieler mit Ball startet, wie bei 1. ein Dribbling und erwartet eine Aktion des ballnahen Stürmers. Der Außenverteidiger läuft dem ballführenden Spieler entgegen. Der ballnahe Stürmer bietet sich mit einem Sprint **an der Seitenaußenlinie** an und versucht den Pass als Flanke zu verwerten. Der Mittelfeldspieler sprintet nach seinem Pass in den Strafraum und versucht die Flanke zu verwerten. Die Verteidiger sind bei dieser Übung vollaktiv.
Im Anschluss tauschen die Spieler an der Toraußenlinie die jeweiligen 3 Positionen.

3. Der erste Spieler mit Ball startet (wie bei 1.) ein Dribbling und erwartet eine Aktion des ballnahen Stürmers. Der Außenverteidiger läuft dem ballführenden Spieler entgegen. Der ballnahe Stürmer sprintet in den Strafraum und erwartet einen Steilpass des ballführenden Spielers. Dieser sprintet nach dem Abspiel in den Strafraum, und versucht den Pass des Stürmers zu verwerten. Die Verteidiger sind bei dieser Übung vollaktiv. Im Anschluss tauschen die Spieler an der Toraußenlinie die jeweiligen 3 Positionen.

4. Weder die Stürmer noch die Verteidiger bewegen sich. Der angreifende Mittelfeldspieler soll nun mit einem Alleingang

die Hintermannschaft überwinden und ein Tor schießen. Sobald die Verteidiger diese Aktion erkennen, sollen sie den Angreifer an dieser Aktion natürlich hindern.

Ziel dieser Übung ist es, die Handlungsfähigkeit in der Angriffsphase der Mittelfeldspieler zu beschleunigen und zu optimieren.

Weitere mögliche Konstellationen in der Ausgangsposition aber mit gleicher Aufgabenstellung siehe Grafiken auf dieser und der nächsten Seite:

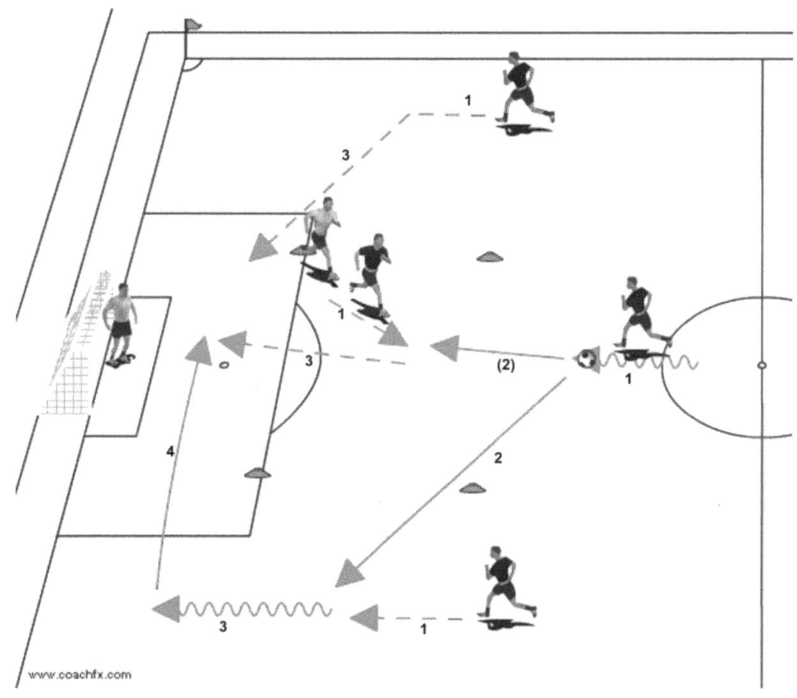

Zunächst spielen hier drei Mittelfeldspieler und ein Stürmer
gegen einen Torwart und einen Verteidiger (später dann
zwei Verteidiger) . Die Laufwege sind aus der Zeichnung er-
sichtlich. Der angreifende Mittelfeldspieler entscheidet allei-
ne, ob er nach Links- oder Rechtsaußen abspielt, den
Mittelstürmer anspielt mit möglichem Doppelpass oder einen
Alleingang startet. Ziel ist es für den Mittelfeldspieler in Ballbesitz, schnell die richtige Entscheidung zu treffen.
Die Aufgabenstellungen sollten nach jedem Angriff gewechselt werden.

Bei den Standardsituationen im Fußball ist es sehr selten, einmal eine einstudierte Kombination zu sehen. Doch gerade die Standardsituationen sorgen im Profifußball immer wieder für Torerfolge. Dies kann natürlich auch für den Jugend- und Amateurfußball gelten, wenn hier ein paar Kombinationen einstudiert werden. Gerade wenn der Gegner über ein hervorragendes Stellungsspiel verfügt, kommt die eigene Mannschaft häufig nur zu wenigen Chancen. Die Wahrscheinlichkeit eines Torerfolges kann hier enorm erhöht werden, indem Standardsituationen trainiert werden.

Der Eckball

Beim Eckball sollten bestimmte Aktionen von Spielern im Strafraum gesetzt werden. Hier gilt es, Unruhe zu produzieren. Dies kann nur durch Bewegung erreicht werden, d.h., es kann nicht das Ziel sein, dass einige Spieler im vollen Strafraum stehen und hoffen, dass der Ball auf ihren Kopf fällt. Auf eine solche statische Situation kann sich jeder Abwehrspieler der gegnerischen Mannschaft hervorragend einstellen, da jeder Spieler leicht abzuschirmen ist . Auch ist in dieser statischen Situation ein großes Gedränge. Tore entstehen hier nur selten.

Das Ziel beim Eckball lautet: Freiräume im Strafraum zu schaffen

Die nachfolgende Grafik zeigt, wie Anspielstationen im Strafraum geschafft werden können. Auf den ersten Blick verwirrend, jedoch bei genauerer Betrachtung werden hier nur die folgenden Grundregeln befolgt:

- Es dürfen sich nicht zu viele eigene Spieler vor dem Eckstoß im Strafraum befinden.

- Einige Spieler verteilen sich in Höhe der Strafraumgrenze und sprinten

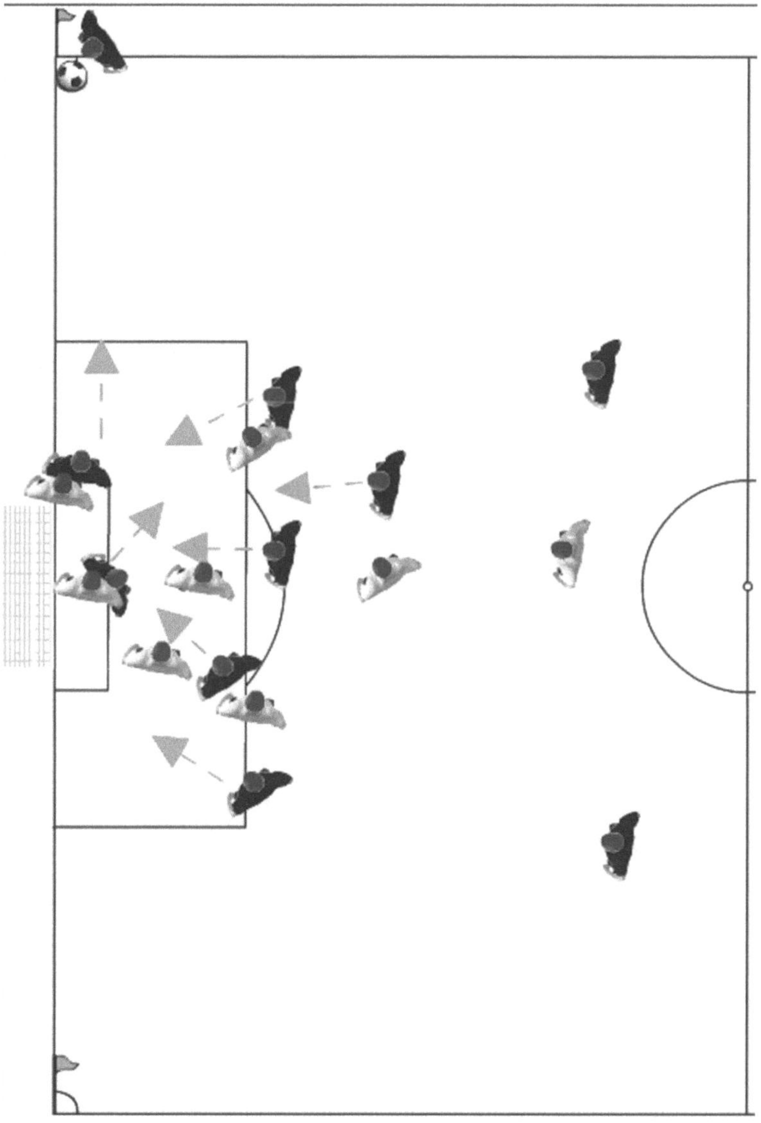

bei der Ausführung des Eckballs in den Strafraum.

- Andere Mitspieler rücken von hinten auf in Richtung Strafraum.

- Die Spieler im Strafraum setzen bei der Ausführung eine Aktion aus dem Strafraum hinaus und ziehen so die Gegenspieler aus der Gefahrenzone.

Kognitive Flexibilität beim Eckball

Doch kommen wir nun zu den kognitiven Fähigkeiten bei der Ausführung des Eckballs. Ganz kurz vor der Ausführung gibt der Eckballschütze ein bestimmtes Handzeichen, wie er den Eckstoß ausführen wird.
Seine Mitspieler müssen nun blitzschnell das Zeichen mental verarbeiten und dementsprechend reagieren.

Erste Zeichen: Ich führe die Ecke kurz aus, ein Spieler muss mir sofort entgegensprinten.

Zweites Zeichen: Ich versuche den Eckball direkt zu verwandeln, das bedeutet für mehrere Mitspieler den Torwart regelkonform zu bedrängen.

Drittes Zeichen: Die Ecke wird lang und die Kopfballspezialisten suchen den hinteren Torraum auf.

Viertes Zeichen: Ich schlage den Ball zentral vor die Strafraumlinie, damit sie hier ein vorgesehener Spezialist direkt volley verwandeln soll (in der Regel erst ab Landesliga von einem Techniker möglich).
Fünftes Zeichen: Die Ecke wird zum kurzen Pfosten getreten, ein Spieler soll dann direkt z.B. mit der "Hacke" verwandeln.

Erhöhung der fußballspezifischen kognitiven Fähigkeiten

Durch ein spezielles kognitives Training werden die Konzentration und die Geschwindigkeit im Wettspiel von Handlungen und Entscheidungen von Spielern oder Spielerinnen wesentlich erhöht.

Hier setzen wir Übungen ein, bei denen die Fußballer auf mehrere Dinge gleichzeitig achten müssen. So wird es ihnen im Spiel auch leichter fallen, zum Beispiel den Ball zu führen und trotzdem die Übersicht nicht zu verlieren oder den Vorteil eines Doppelpasses schneller zu erkennen.

Die Übungen können in ein Stationentraining eingebaut werden. Ich mache Ihnen hier einige Übungsvorschläge, Sie können aber auch eigene Übungen einbauen, die ihrer Kreativität entsprungen sind. Am Ende des kognitiven Trainings sollte ein freies Trainingsspiel folgen.

a) Zwei Spieler passen sich den Ball direkt zu und sollen dabei die Zahlen in 2er-Schritten vorwärts zählen.

b) Jetzt sollen die Spieler in 2er-, 3er oder 4er Schritten rückwärts zählen.

c) Die zwei Fußballer sollen beim direkten Passen die Primzahlen chronologisch ab "2" aufzählen (Übung für "Intelligenzbestien).

d) Ein Spieler steht in der Mitte, vor und hinter ihm steht jeweils ein Spieler mit einem Abstand von 10 Metern.

Der erste Außenspieler passt den Balll zur Mitte, der Spieler in der Mitte passt den Ball sofort zurück und dreht sich sofort um 180 Grad.

Jetzt wirft der andere Außenspieler den Ball hoch zu und der Spieler in der Mitte köpft den Ball zurück und dreht sich erneut um 180 Grad usw.

Nach etwa einer Minute werden die Aufgaben getauscht. Es empfiehlt sich, mehrere Bälle für die Außenspieler bereitzustellen, falls es zu Fehlpässen kommt. Unnötige Pausen können so vermieden werden.

e) Zwei Spieler passen sich den Ball direkt zu. Beim Passen gibt der Passgeber an, wie der Pass zurückgespielt werden soll, mit Vollspann. Innenseitstoß oder Außenspann.

f) Die vorige Übung wird wiederholt, aber jetzt soll jeder mit seinem "schwachen" Fuß passen.

g) Jetzt muss abwechselnd mit dem linken oder rechten Fuß gespielt werden.

b) Alle Spieler (6 bis 12) stehen in einem Viereck oder Kreis, die Entfernung zum Spieler direkt gegenüber beträgt dabei 10 bis 15 Meter. Beginnen wir mit einer leichten Variante. Es ist nur ein Ball im Spiel, und die Spieler sollen sich nur den Ball relativ zügig und ohne bestimmter Reihenfolge zuspielen.

Wir erhöhen den Schwierigkeitsgrad. Beim Zuspiel muss zuvor der Name des Passempfängers vom Passspieler laut gesagt werden.

Jetzt wird die erste Übung mit zwei Bällen gleichzeitig wiederholt.

Die letzte Variante ist mit einem sehr hohen Schwierigkeitsgrad verbunden. Die vorige Übung wird wiederholt, aber diesmal befindet sich noch ein Gegenspieler in dem Kreis oder dem Viereck. Dieser hat die Aufgabe einen Ball zu erobern oder nur zu berühren. Bei Erfolg tauscht er die Rolle mit dem Passgeber. Der Gegenspieler kann natürlich auch in allen vorangegangenen Übungen eingesetzt werden.

f) Bei einem Torschusstraining sollen die Spieler kurz vor dem Torschuss angeben mit welcher Schusstechnik sie abschließen, also Innenseitstoß, Vollspannstoß usw.

g) Jetzt sollen sie angeben, wo genau der Ball im Tor einschlagen soll.

h) Der Fuß mit dem geschossen werden soll, wird kurz vor dem Torschuss genannt.

I) Beim höchsten Schwierigkeitsgrad geben die Spieler zwei oder sogar drei der vorher genannten Aufgaben vor dem Torschuss an.

j) Es werden Dribbel- und Slalomparcours in Wettkampfform zweier Mannschaften absolviert.
Beim zweiten Durchgang wird der Ball aber nicht nur geführt, sondern ein zweiter Ball muss gleichzeitig mit den Händen rund um den Hüftbereich gekreist werden.

Übersicht

Zu den fußballspezifischen kognitiven Fähigkeiten gehört natürlich auch die Übersicht und das Spielverständnis. Auch dies lässt sich zum Beispiel durch die folgenden Übungen trainieren:

Hier stellen wir eine Übung zur Förderung der lokalen Übersicht und zum Ausdauertraining mit und ohne Ball im Wechsel vor. Diese Übung ist für 8 Spieler gedacht und erlaubt, viele verschiedene Arten des Dribblings zu üben.
Dadurch, dass sich 4 Laufwege kreuzen, wird die Übersicht der Spieler gefördert.

Übungsaufbau: Es wird ein Quadrat mit Stangen abgesteckt. Die Seitenlänge beträgt ca. 20 Meter. Innerhalb des Quadrats wird ein weiteres Quadrat mit Pylonen aufgebaut.

Die Stangen werden mit jeweils 2 Spielern besetzt.
Pro Gruppe 2 Bälle.

Übungsablauf: Die Spieler sind bereits aufgewärmt.
Der jeweils 1. Spieler jeder Gruppe startet zum entferntesten
Hütchen und wieder zurück. Von dort aus zur nächsten Stange
(siehe Grafik).
Der 2. Spieler startet nachdem der 1. angekommen ist.

Dies wird solange wiederholt, bis jeder Spieler an seiner
Ausgangsposition angekommen ist.
Als nächstes wird der Ball z.B. mit dem Außenrist geführt usw. (Hier
können alle möglichen Dribblings eingesetzt werden).

Variationen:
Die Spieler führen den Ball nicht zum entferntesten Hütchen,
sondern zum nahe gelegensten Hütchen.
Das Ganze wird als Wettkampf durchgeführt. (Hierbei laufen die
Spieler jedoch nicht zur nächsten Stange).

Dribbeln im Viereck (Einleitungsteil)

Es folgt eine weitere Übung mit der die Übersicht erhöht werden kann, fangen wir mit einer leichten Variante an. Ein Feld wird abgesteckt und dabei der Spieleranzahl angepasst. In diesem Feld bekommt jeder einen Ball. Dieser soll geführt werden, ohne dass ein Mitspieler dabei behindert oder von einem anderen Ball berührt wird. Die Ausführung bestimmter Finten wird in diesem Aufwärmprogramm eingebaut. Diese Übung wird etwa nur zwei Minuten praktiziert, da sonst schnell Langeweile auftritt.

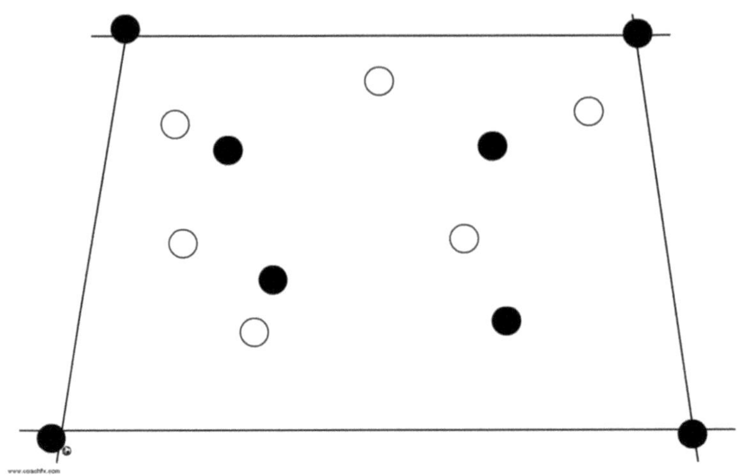

Variante: Nach dieser kurzen Übung kommen wir zur eigentlichen Trainingsform. An jeder Seitenlinie oder an der Spielfeldecke steht jeweils ein Spieler, der als Anspielstation für die Spieler im Feld mit Ball dient. Die vier Außenspieler stehen dabei jeweils fünf Meter hinter der Seitenlinie, und wie erwähnt zentral oder auch an jeder Spielfeldecke (siehe Abbildung Seite 28).

Im Feld dribbelt wieder jeder Spieler mit Ball. Der Trainer oder die Trainerin ruft nun den Vornamen eines ballführenden Spielers. Dieser soll nun so schnell wie möglch den Ball in diesem "Durcheinander" zu einem Außen- oder Eckspieler passen. Jener wiederum passt so schnell wie möglich zu seinem Passgeber zurück. Mit der Zeit werden die Vornamen der zentralen Spieler immer schneller aufgerufen.

Die letzte Steigerung besteht darin, dass die äußeren Anspielstationen mit einem Doppelpass zum ursprünglichen Passgeber erwidern müssen.

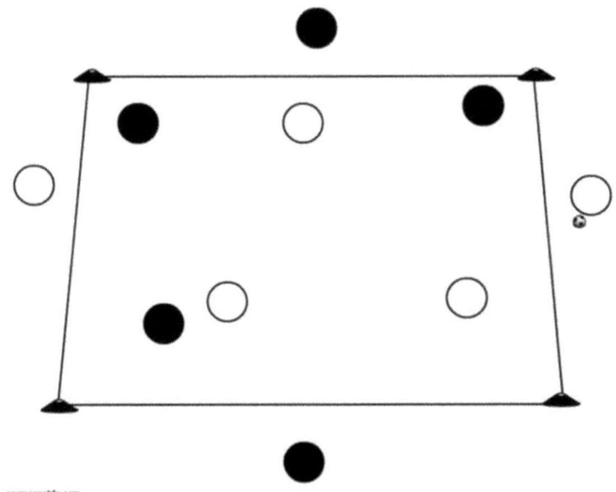

3 gegen 3 mit einer festen Anspielstation

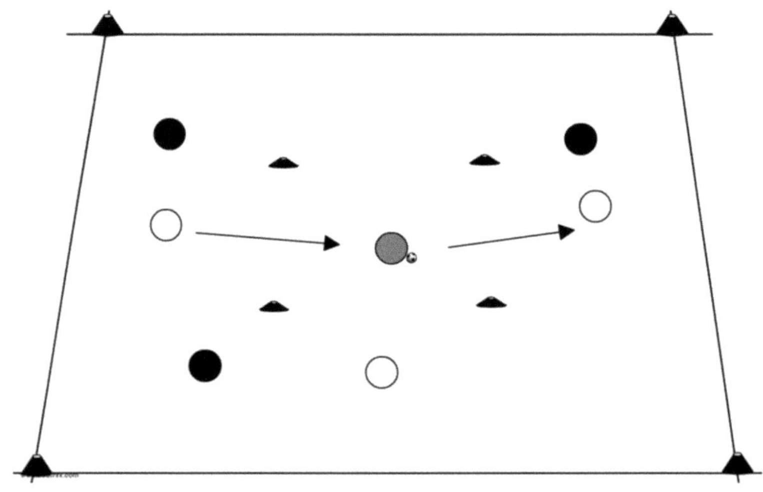

Übungsaufbau und Übungsablauf: Im abgesteckten Viereck spielen 3 gegen 3. Das mittlere kleine markierte Viereck darf nur vom neutralen Spieler betreten werden. Bei jedem 3. bis 5. Pass muss der neutrale Spieler angespielt werden. Pässe durch das mittlere Viereck sind nicht erlaubt, wenn der neutrale Spieler nicht angespielt wird. Zuerst 3 Ballkontakte, dann 2 und 1.

Elementare kognitive Übungen

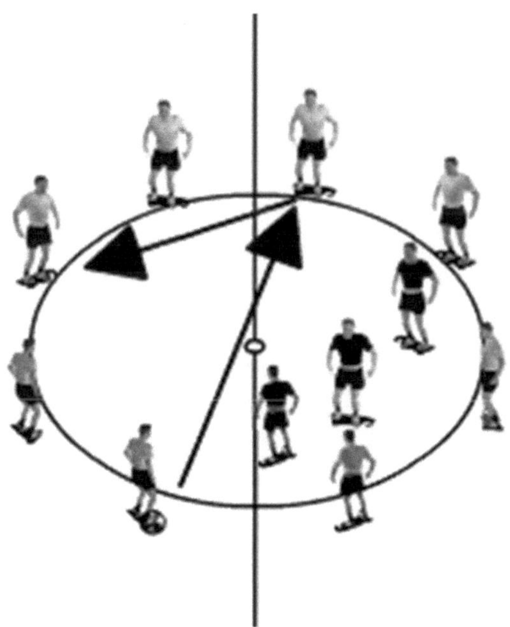

1. Übung: Die Spieler stellen sich in einer Kreisformation auf
(siehe Abbildung oben). Bei der ersten Übung befinden sich
noch keine Gegenspieler im Kreis und kein Spieler ist in Ballbesitz. Wir beginnen mit einem leichten Übungsteil. Der
Trainer oder die Trainerin macht die Übung vor. Gleichzeiti-
ges Armkreisen nach hinten für ein Paar Sekunden; gleichzei-
tiges Armkreisen für ein paar Sekunden nach vorne;
wechselseitiges Armkreisen (Art Rückenkraul) nach hinten
für ein paar Sekunden; wechselseitiges Armkreisen nach vorn

für ein paar Sekunden; der letzte Übungsteil wird der schwierigste, nun sollen die Arme gegengleich gekreist werden, d.h. ein Arm wird nach hinten geschwungen und ein Arm nach vorn. Das ist nicht ganz so leicht und wird etwas länger geübt.

2. Übung: Diese Übung braucht höchste Konzentration und kognitive Fähigkeiten. Sie kann immer wieder im Training eingebaut werden, wenn die Spieler eine kurze Erholungspause brauchen. Die Spieler sollen mit dem Zeigefinger einer Hand vor dem Oberkörper eine kleine Kreisbewegung ausführen und gleichzeitig mit dem Zeigefinger der anderen Hand ein kleines Quadrat in die "Luft" malen. Die Übungszeit wird auf etwa eine Minute begrenzt (wegen aufkommender Langeweile) und kann auch als kleine Hausaufgabe gestellt werden.

3. Übung: Wir spielen jetzt z.B. 8 gegen 3 mit ein bis drei Ballkontakten. Der Spieler der den Ball zugepasst bekommt, soll aber bevor er den Ball annimmt oder weiterleitet, mit einer Hand zuvor den Boden berühren. Bei Fehlern darf immer der Spieler den Kreis verlassen, der am längsten dort verweilte. Der Spieler, der den Fehler begann, gesellt sich zu den beiden anderen in den Kreis.

4. Übung: Der Passgeber muss nun den Vornamen des Spielers nennen, den er anspielt.

5. Übung: Die dritte und vierte Übung werden kombiniert.

1. Übung: Der kognitiv aktive Spieler steht in einem mit flachen Pylonen abgesteckten Quadrat. Das Quadrat hat eine Größe von 4 x 3m bis 4 x 4m. Zentral vor diesem Spieler steht ein weiterer Spieler außerhalb des Quadrates.

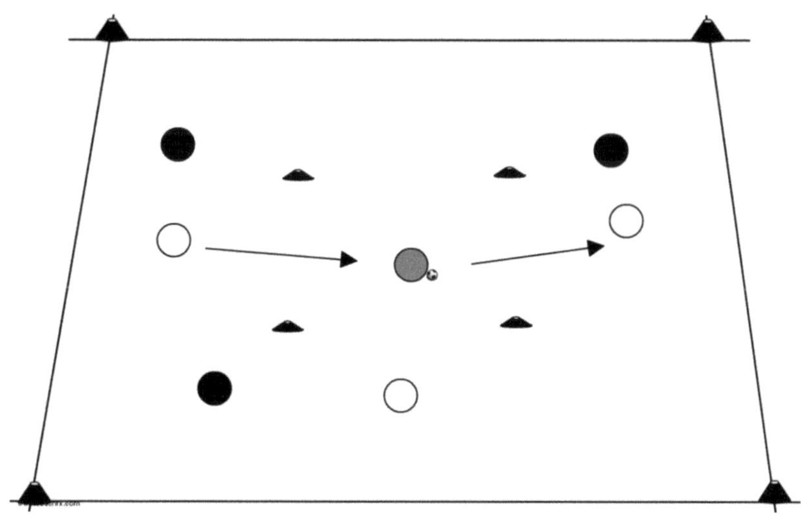

Die Entfernung beträgt zueinander etwa 10 bis 15 Meter. Der Spieler außerhalb des Quadrates ist in Ballbesitz.
Er spielt zunächst seinem Mitspieler den Ball zu und ruft gleichzeitig entweder "direkt" oder "indirekt". Ruft er "direkt" soll der Spieler ihn auch direkt zurückspielen. Ruft er "indi- rekt" soll er den Ball mit dem linken Fuß stoppen, dabei gleichzeitig auf den rechten Fuß vorlegen und dann zurück- passen oder das ganze umgekehrt (eine Steigerung wäre hier direkt und indirekt mit 1 und 2 auszutauschen).
Die Übung wird relativ oft, natürlich auch mit Rollentausch, durchgeführt.

2. Übung: Bei dieser Übung bleiben die Kommandos gleich, aber der Ball wird nun aus einer relativ kurzen Entfernung weniger als halbhoch zugeworfen.
Bei dem Kommando "direkt" oder "1 " wird der volley mit der Innenseite oder dem Vollspann zurückgespielt, bei "indirekt" oder "2" wird der Ball mit einem Fuß angenommen (bleibt aber in der Luft) und mit dem anderen Fuß zurückgespielt usw.

3. Übung: Jetzt kommen wir zu den flachen Pylonen. Sie ha- ben unterschiedliche Farben wie z.B. Grün, Rot, Blau und Gelb. Die Startposition ist nun wie in der ersten Übung gege- ben. Der Mitspieler spielt den Ball nun wieder dem Spieler im Quadrat den Ball zu und ruft gleichzeitig eine Farbe auf. Ruft er die Farbe "Gelb", soll der Spieler zu dem Markierungshüt- chen Gelb eilen, dieses mit der Hand berühren, zur Mitte das Quadrates zurückkehren und den Ball dann direkt zurück- spielen usw.

4. Übung: Es folgt die gleiche Übung mit dem Aufruf der Farbe. Nun soll der aktive Spieler aber den Ball zuerst annehmen, eine 360 Grad Drehung mit dem Ball um das Hütchen absolvieren und dann den Ball zurückpassen.

5. Übung: Jetzt kommt die letzte Steigerung. Sie kann für alle vorhergehenden Übungen eingesetzt werden. Nun stehen vier Spieler außerhalb des Quadrates (an jeder Seite einer mit jeweils einem Ball).
Nachdem der Spieler im Quadrat den Ball eines Spielers zurückgepasst hat, dreht er sich um 90 Grad im Uhrzeigersinn zum nächsten Spieler. Ein weiterer Schwierigkeitsgrad wäre, wenn der Trainer oder die Trainerin die Drehung des kognitiv aktiven Spieler vorgeben würde (90 Grad, 180 Grad, 270 Grad oder 360 Grad und dann vielleicht auch noch mit oder gegen Uhrzeigersinn). Probier es aus wie weit die Nachwuchsfußballer mit der Zeit den Schwierigkeitsgrad erhöhen können. Je schneller die Fußballer agieren und reagieren, desto überlegener sind sie der gegnerischen Mannschaft im Zweikampf und Kurzpassspiel.
Wir denken bei diesen Übungen an den Rollentausch. Auf der Abbildung sind auch noch Spieler in Form von schwarzen Punkten abgebildet. Diese können hier erst mal passiv eingesetzt werden, nehmen aber am Rollentausch teil oder wechseln ständig mit einem Spieler außerhalb des Quadrates, der gerade einen Pass gespielt hat.

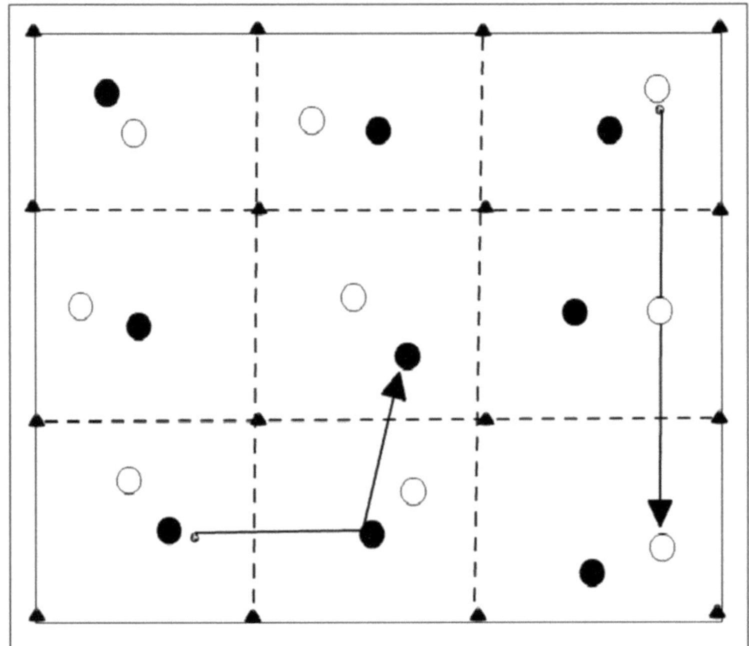

Steigerung des Umschaltens

Es wird ein 25 x 25 Meter großes Feld in 9 Quadrate unterteilt. In jedem Quadrat befinden sich 2 Spieler mit unterschiedlicher Farbe der Leibchen von zwei Mannschaften insgesamt. Pro Mannschaft ist ein Ball im Spiel.

Ablauf:

Die Spieler passen den Ball von Quadrat zu Quadrat, und dürfen natürlich nur ihre Mitspieler anspielen. Danach bewegen sie sich wieder frei durch ihr Feld und bieten sich zum nächsten Zuspiel an.

Nun kommen wir zu den Variationen mit Steigerung des Schwierigkeitsgrades:

- Der Spieler, der angespielt wird, muss vorher mit Namen angesprochen werden.

- Zusätzlich muss der Ball nun direkt gespielt werden.

- Wir beginnen mit einer neuen Aufgabenstellung. Der Gegenspieler im Quadrat darf nun aktiv eingreifen. Erobert er den Ball, spielt seine Mannschaft zunächst mit zwei Bällen weiter.

- Die gleiche Übung wird beibehalten, aber vor dem Abspiel muss der Name des Passempfängers wieder gerufen werden.

- Bei der nächsten Steigerung wird die Anzahl der Ballkontakte auf Drei reduziert.

- Alle Variationen können auch mit dem Überspringen von Quadraten beim Abspiel absolviert werden.

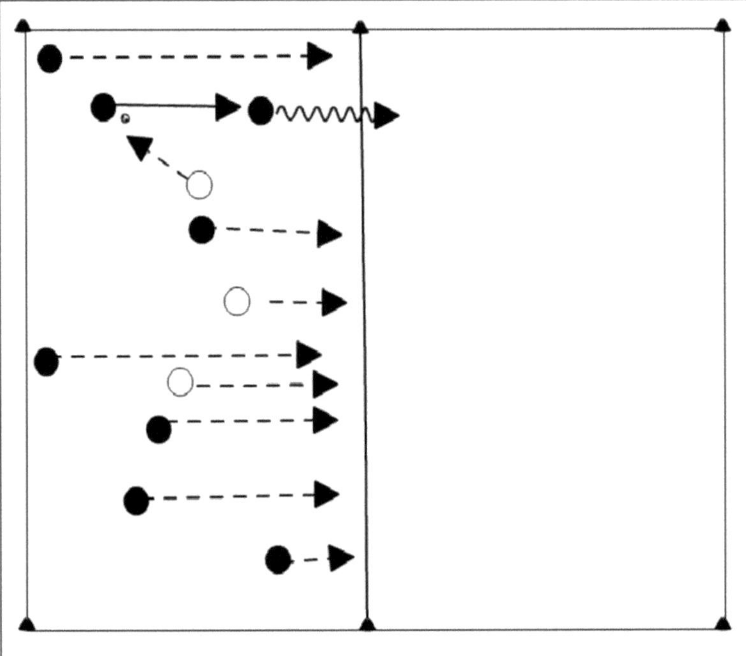

5 gegen 2 mit Raumwechsel

Es wird ein 30 x 20 Meter großes Feld errichtet, und in der Mitte geteilt (siehe Abbildung vorherige Seite). In einer Hälfte spielen 5 gegen 3, 7 gegen 3 oder 8 gegen 3.

Ablauf:

Nach 5 Ballkontakten der Überzahlmannschaft (nur Pässe zählen als Kontakt) dribbelt einer der Spieler ins benachbarte Feld. Alle anderen Spieler folgen sofort. Fängt einer der Spieler in Unterzahl den Ball ab, darf er in die andere Mannschaft wechseln (Spieler mit dem Fehler aus der Überzahlmannschaft wechseln natürlich ins andere Team). Wird der Ball ins Aus gespielt, geht es ganz normal mit einem Einwurf weiter.

Variation:

Danach folgt die eigentliche kognitive Übung. Der Passgeber ruft vor dem Abspiel eine Zahl zwischen 1 und 5. Der Passempfänger muss bei der Zahl 1 direkt weiterspielen. Bei der Zahl 2 muss er insgesamt zwei Ballkontakte haben usw.

Bei dieser Trainingsübung gibt es sogar Mannschaften, die es so weit gebracht haben, dass sie ohne Probleme den Namen des Passempfängers und eine Zahl zwischen 1 und 5 nennen. Trotzdem läuft die Übung reibungslos ab. Fußballspieler mit diesen hohen kognitiven Fähigkeiten haben in einem normalen Wettspiel eine schnellere Reaktion, höhere Übersicht und stark verbesserte Entscheidungsfähikeiten.

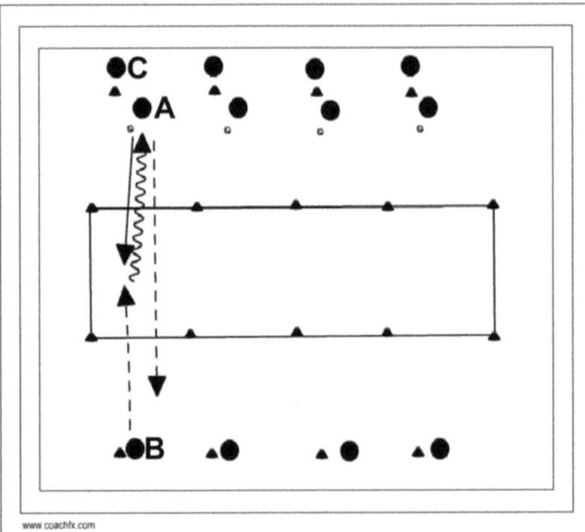

Raumpassen (Verbesserung von Raum- und Zeitgefühl in Verbindung mit der Laufgeschwindigkeit)

Die Spieler werden in 3er- bis 5er-Gruppen eingeteilt je nach Geschwindigkeit und Entfernung der Spieler zueinander (siehe obere Abbildung). Jedem Team entsprechend werden nebeneinander mehrere 6 x 6 Meter große Felder errichtet.

Ablauf:

Spieler A passt in das Rechteck und läuft auf die andere Seite. Spieler B läuft gleichzeitig entgegen, nimmt den Ball im Quadrat an und dribbelt auf die Position von A. Nun beginnt der Spieler C mit dem gleichen Pass in das Quadrat wie vorher A usw.

Die Spielzeit sollte auf etwa 3 Minuten begrenzt bleiben.

Jetzt kommen wir wieder zur eigentlichen Übung. Der Passgeber spielt den Ball mal mit einer geringen, mittleren oder
hohen Geschwindigkeit. Der Passempfänger muss seine
Laufgeschwindigkeit nun so anpassen, dass er den Ball im
Quadrat annehmen kann.

Im weiteren Verlauf kann die Entfernung der Spieler zum
Quadrat (also die Ausgangsposition) erhöht werden.
Kann der Ball nicht im Quadrat angenommen werden, wird
die Übung natürlich nicht unterbrochen.

Zwei-Zonenspiel

Es wird ein 20 x 20 Meter großes Feld markiert, in der Mitte dieses Feldes ein weiteres mit 10 x 10 Meter (siehe Grafik auf der Folgeseite). Etwa 8 Spieler von Schwarz verteilen sich außerhalb des Großfeldes, 4 - 6 Spieler von Weiß in der mittleren Zone und 2 Spieler von Schwarz im inneren Feld.

Ablauf:
Es wird mit zwei bis drei Bällen gleichzeitig gespielt. Die Außenspieler von Schwarz sollen im Zusammenspiel in der äußersten Zone versuchen, einen ihrer Mitspieler in der innersten Zone anzuspielen. Weiß versucht die Anspiele ins Zentrum zu verhindern. Haben sie den Ball erobert, müssen sie den Ball allerdings wieder nach Außen spielen. Ist ein Spieler in der innersten Zone erfolgreich angespielt worden, soll er wieder einen Mitspieler im äußeren Feld anspielen. Auch das soll die mittlere Zone verhindern.
Die Aufgaben werden regelmäßig gewechselt.

Variation:
Es werden nur zwei Ballkontakte oder direktes Spiel erlaubt.

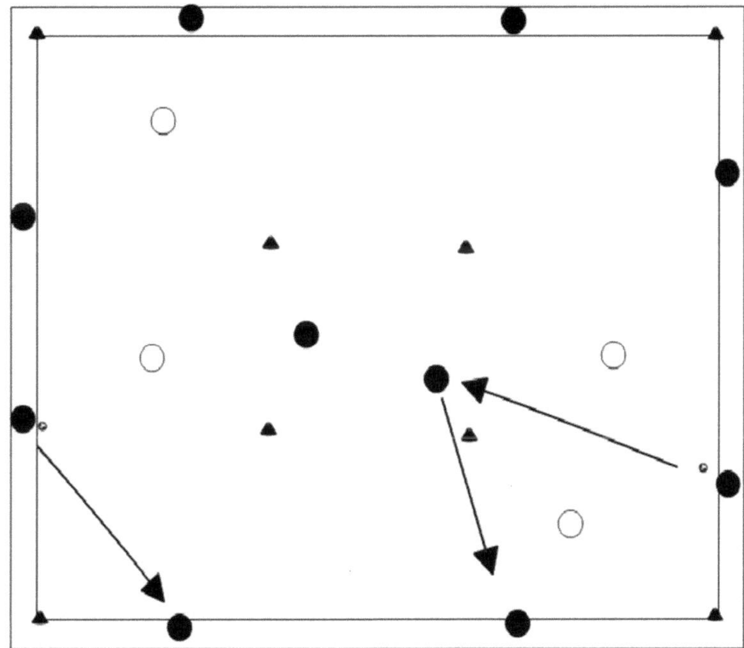

Viereck mit Außenanspieler

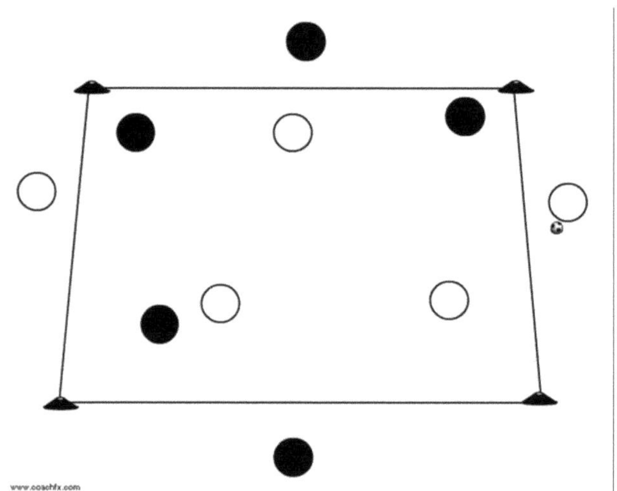

Übungsaufbau:

Ein Feld von etwa 20 x 20 m mit vier Hütchen abstecken. Im Viereck wird 2 gegen 2 oder 3 gegen 3 gespielt. An jeder Außenlinie stehen noch Spieler (je zwei Anspieler pro Team).

Übungsablauf:

Die Anspieler dürfen nicht ins Viereck laufen, dürfen aber auch nicht von den Spielern, die in der Mitte spielen, angegriffen werden. Sämtliche Spieler dürfen nur 2 Ballkontakte haben.

Die Aufgaben sollten hier öfter gewechselt werden.

Diese Übung eignet sich hervorragend, um das Spiel ohne Ball einzuüben. Hier ist es wichtig, dass der Trainer eingreift, wenn falsche Laufwege eingeschlagen werden oder zu risikoreiche Pässe gespielt werden.

Viereck mit Eckanspieler

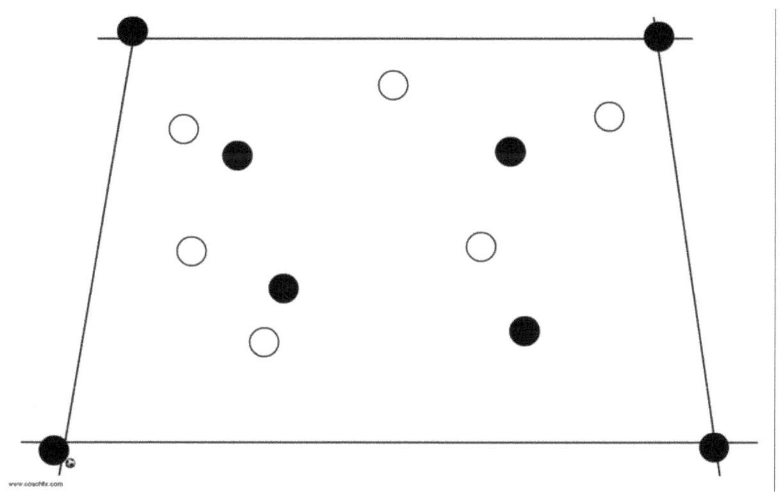

Übungsaufbau:

Ein großes Viereck wird abgesteckt. Es werden 2 Mannschaften gebildet. 4 schwarze Feldspieler und an den Ecken 4 schwarze Anspieler. Diese spielen gegen 6 weiße Spieler.

Übungsablauf:

Es wird auf Ballhalten gespielt, wobei die weißen Spieler nur 2 Ballkontakte haben dürfen. Die schwarzen Spieler wechseln regelmäßig ihre Positionen von Feldspieler zu Anspieler.

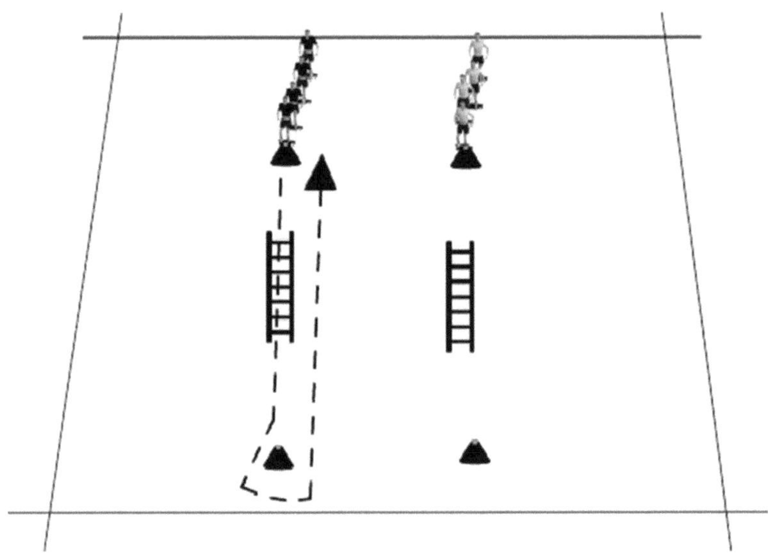

Koordinationsleiter-Wettlauf

Es werden wieder zwei Gruppen gebildet, die etwa fünf Meter voneinander entfernt stehen. Die jeweiligen Gruppenmitglieder stehen kurz hintereinander in einer Reihe. Vor dem ersten Läufer steht ein Markierungshütchen, fünf Meter weiter die Koordinationsleiter und drei Meter dahinter wiederum eine Pylone (siehe Abbildung).

Ablauf:

Der Ablauf erfolgt wiederum in Wettkampfform. Auf Kommando laufen die ersten Läufer los, trippeln mit je einem Fußaufsatz durch die Felder der Leiter, sprinten um das hintere Hütchen, laufen an der Leiter vorbei und „klatschen" den Nächsten ab usw.

Variationen:

1. Zwei Bodenkontakte pro Feld
2. Drei Kontakte pro Feld
3. Vier Kontakte pro Feld
4. Zweimal zwei Bodenkontakte pro Feld vorwärts, einen Kontakt ein Feld rückwärts und wieder zwei Bodenkontakte pro Feld vorwärts usw.
5. Usw.

Kognitiver Übungsteil:

Während des Wettkampfes werden die Variationen aufgerufen, plötzlich wechselt das Kommando zum Beispiel von einem Bodenkontakt pro Feld auf drei usw.

Nun erhöhen wir den Schwierigkeitsgrad noch einmal. Am Ende der Koordinationsleiter steht jeweils ein weiterer Mitspieler in Ballbesitz. Sie befinden sich jeweils fünf Meter von der Koordinationsleiter entfernt. Hat nun ein Spieler die Koordinationsleiter durchlaufen, musss er noch einen Doppelpass mit seinem Mitspieler absolvieren, bevor er zurückläuft.

Hier wird nun die Aufgabenstellung während der Übung ebenfalls gewechselt:

- Der Ball soll viermal direkt hin- und hergespielt werden.

- Der Ball soll sechsmal direkt hin- und hergspielt werden usw.

Perfektioniere die Grundtechniken in Kombination mit Verbesserung der kognitiven Fähigkeiten

Grundtechniken

Alle Übungen, die hier aufgeführt werden, sollten in einem Stationentraining Anwendung finden (pro Einheit fünf bis zehn der hier geschilderten Übungen). Die Dauer pro Übung beträgt in der Regel drei bis fünf Minuten. Der gesamte Zirkel kann bis zu 60 Minuten in Anspruch nehmen.
Das Stationentraining kann einmal pro Woche eingebaut werden. Die verwendeten Übungen werden regelmäßig gewechselt. Schon nach einigen Wochen hat sich die Balltechnik aller Spieler wesentlich verbessert. Eine Überlegenheit gegenüber anderen Mannschaften wird sich bei gleichzeitig guten konditionellen Fähigkeiten sehr schnell zeigen.

Zusätzlich werden dann die Grundtechniken mit der Einbindung von kognitiven Aufgabenstellungen kombiniert, wie vorher beschrieben.

Zum Abschluss des Trainings erfolgt ein freies Abschlussspiel.

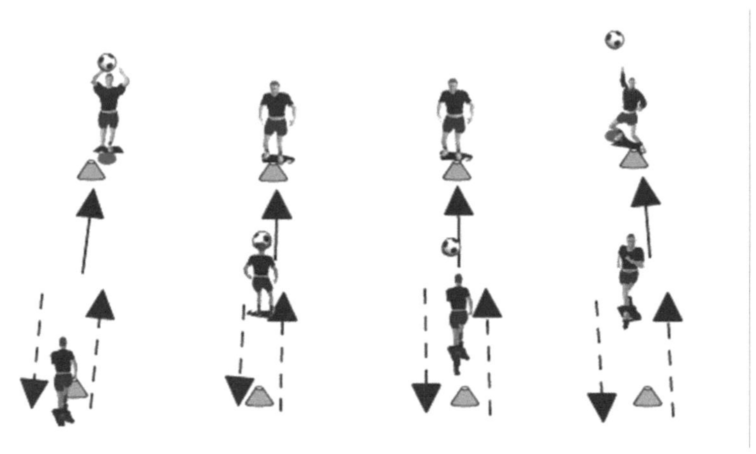

Top-Übung zum Techniktraining

Nahezu jede der hier aufgeführten Schuss- und Kopfballtechniken kann mit dieser Übung trainiert werden.

Übungsaufbau:

2 Hütchen werden im Abstand von 15 bis 20 Metern aufgestellt. Jedes Hütchen wird mit einem Spieler besetzt. Eine Seite mit Ball, die andere ohne Ball.

Übungsablauf:

Der Spieler ohne Ball trabt in Richtung seines Übungspartners, der ihm den Ball z.B. hüfthoch entgegenwirft. (Der Ball sollte so geworfen werden, dass er ca. 5 Meter vor dem Werfenden angenommen oder zurückgespielt werden kann.) Der Spieler ohne Ball spielt den Ball, in unserem Beispiel, direkt mit dem Innenriss zurück. Danach trabt er wieder in Richtung seines Hütchens und wendet an diesem. Jetzt läuft er wieder in Richtung seines Übungspartners und wiederholt die Übung 5-10-mal. Danach werden die Aufgaben getauscht. Hier können viele Techniken geschult werden mit je 5 -10 Wiederholungen (Rückpass mit dem Vollspann, Kopf usw.).

Die gleiche Übung wird nun mit einem regulären Einwurf wiederholt. Der werfende Spieler hat immer mehrere Bälle zur Verfügung, so dass nach einem Fehlpass die Übung nicht unterbrochen werden muss.

Die elementare Grundübung wird immer wieder trainiert, bis alle Spieler diese Basistechnik beherrschen. Hiernach können wir eine komplexere Grundübung einbauen, die auch von allen Kreisligaspielern nach einiger Zeit perfekt durchgeführt werden kann.

Einbau des kognitiven Elementes: Kurz bevor der Ball zugeworfen wird, gibt der Mitspieler an, wie der Ball zurückgespielt werden soll (direkt, indirekt, mit dem Innenseitstoß, mit dem Vollspann oder auch mit dem Kopf).

Komplexere Grundübung

Es werden Dreiergruppen gebildet und der Schwierigkeitsgrad erhöht. Der erste Spieler wirft ein, der zweite passt direkt auf den dritten Spieler der Gruppe, der wiederum auf ein besetztes Tor zuläuft, und aus etwa 16 Meter Entfernung mit einem Torschuss abschließt (siehe Abbildung nächste Seite). Danach startet die nächste Dreiergruppe. Die Übung wird auch bei ungenauem Passspiel bis zu Ende durchgeführt, und in der Regel nicht in einem Stationentraining eingebaut.

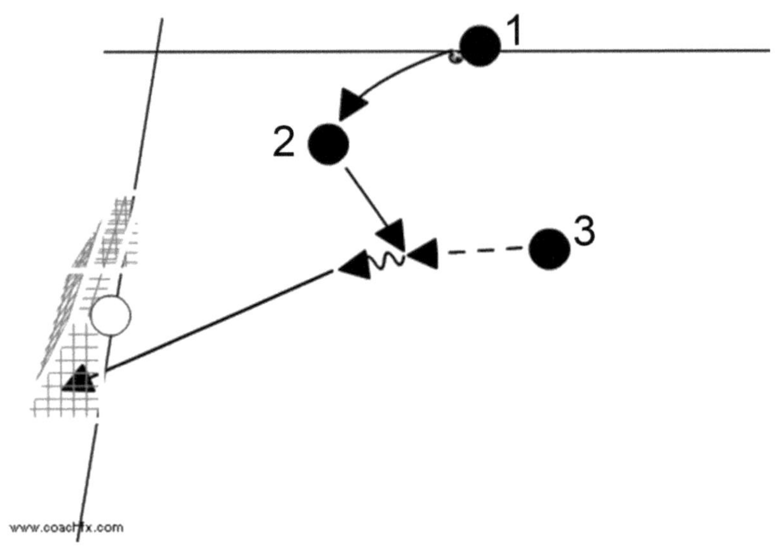

Die vorige Übung wird jetzt leicht verändert. Vor dem Torabschluss wird mit einem „festen" Zuspieler noch ein Doppelpass gespielt und der direkte Abschluss gesucht.

Weitere Basisübung für ein Stationentraining

Die folgenden elementaren Übungen sollten immer wieder ins Training eingebaut werden, um z.B. eine Ballsicherheit im Kurzpassspiel zu garantieren.

Übungsaufbau

Zwei Hütchen werden im Abstand von 15 – 30 Metern aufgestellt. Die Entfernung ist abhängig vom Alter und Leistungsstand. Jedes Hütchen wird mit einem Spieler und Ball besetzt.

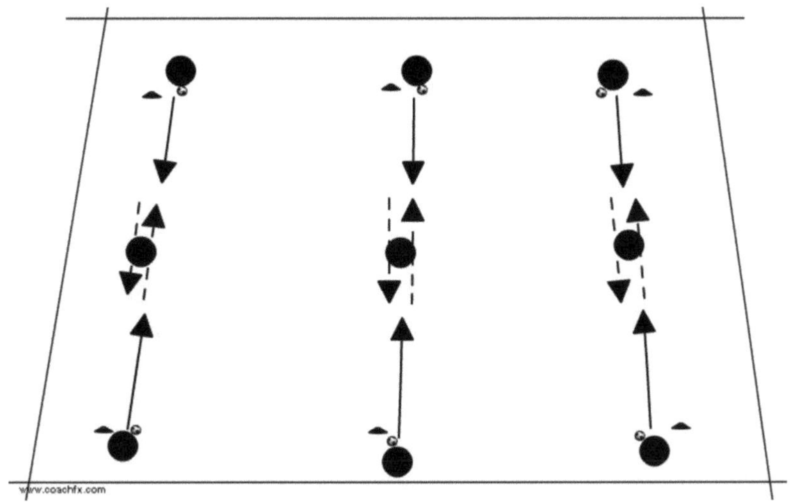

1. Übung

Der Spieler ohne Ball trabt von der Mitte in Richtung eines Mitspielers. Dieser spielt ihn flach an, der zentrale Spieler spielt den Ball flach mit der Innenseite direkt zurück, wendet, und läuft dem anderen Mitspieler entgegen. Auch der zweite Mitspieler spielt den Flachpass. Der Rückpass erfolgt wieder direkt mit dem Innenseitstoß, dann folgt wieder die Wendung usw.

Der zentrale Spieler wird häufig gewechselt.

2. Übung

Alle drei Spieler dürfen nur mit dem „schwächeren" Fuß passen.

3. Übung

Es wird abwechselnd mit dem linken und rechten Fuß gespielt.

4. Übung

Der Ball wird jetzt halbhoch von den Außenspielern zugeworfen. Der zentrale Spieler spielt den Ball direkt mit der Innenseite oder dem Vollspann zurück. Auch hier achten wir auf die beidfüßige Schulung.

5. Übung

Der Ball wird nun mit einem Einwurf ins Spiel gebracht und vom zentralen Spieler mit dem Kopf oder Fuß direkt zurückgespielt. Zwei Ballkontakte sind erlaubt, wenn der Ball vorher mit der Brust angenommmen wurde.

Der kognitive Teil dieser Übung: Erst kurz vor dem Anspiel
gibt der Mitspieler bekannt, wie der Ball zurückgepasst werden soll (mit dem linken Fuß, mit dem rechten Fuß, mit der
Innenseite, mit dem Vollspann usw.).

Elementare Konterübung

Und hier eine weitere elementare Technikübung , die ideal in ein Stationentraining eingebaut werden kann. Trainieren Sie diese Konterübung, bis jeder Spieler diese nahezu perfekt einsetzen kann.

Diese Übung kann bereits ab der D-Jugend trainiert werden. Im Idealfall können zwei Mitspieler mit diesem Verhalten eine gesamte Hintermannschaft ausschalten.

Ein Fußballer dribbelt auf einen Mitspieler zu, etwa 20 Meter vor ihm spielt er einen genauen Flachpass. Der Mitspieler steht frontal zum Passgeber, läuft dem Pass entgegen, spielt direkt zurück, dreht sich blitzschnell um 180 Grad und läuft in die entgegengesetzte Richtung (im Idealfall in vollem Sprint). Der ursprüngliche Passgeber spielt nun einen gefühlvollen Vollspannstoß, ebenfalls direkt über den sich entfernenden Mitspieler in den Lauf.

Diese Übung hört sich für Einige vielleicht sehr einfach an, ist aber in der Praxis sehr schwierig umzusetzen und erfordert in den Jugendklassen und unteren Amateurklassen sehr viel Geduld.

Die Übung wird anfangs langsam durchgeführt und häufig wiederholt. Die Ausführung dieser Übung empfiehlt sich auf Rasen oder Kunstrasen, da der Ball hier „tiefer getroffen wird" und bei einem Scheitern des Vollspannstoßes der Ball weniger weit rollt.

In der Praxis muss dieser Pass natürlich nicht immer mit dem Vollspannstoß geschlagen werden. Es gibt viele Spieler, die diese Situation besser mit einem Innenspann- oder Innenseitstoß lösen können (wobei der Innenseitstoß auf einem Aschenplatz hier sehr schwierig anzuwenden ist, zumindest in Bezug auf die Höhe der Flugbahn des Balles).

Je sicherer diese Grundübung durchgeführt werden kann, desto mehr können die Geschwindigkeit und die Entfernungen gesteigert werden.

Jetzt wird die gleiche Übung durchgeführt, allerdings mit einem Torabschluss. Nach dem gefühlvollen Pass über den sich entfernenden Mitspieler in den Lauf, nimmt dieser den Ball an und schießt aus 17 – 20 Meter Entfernung auf das besetzte Tor.

Der Torabschluss erfolgt auch, wenn der Pass ungenau war.

Der Mitspieler soll jetzt den Pass so schnell wie möglich erlaufen und den Torabschluss suchen.

Die vorige Übung wird wiederholt, aber der Schwierigkeitsgrad weiter erhöht.
Ein Spieler dribbelt wieder auf einen Mitspieler zu, etwa 20 Meter vor ihm spielt er einen genauen Flachpass. Der Mitspieler steht frontal zum Passgeber, läuft dem Pass entgegen, gefolgt von einem Gegenspieler, der nur „teilaktiv" eingreift. Der Passempfänger spielt unter der leichten Bedrängnis den Ball wieder direkt zurück, dreht sich blitzschnell um 180 Grad und läuft mit höchster Geschwindigkeit in die entgegengesetzte Richtung auf das Tor zu. Der ursprüngliche Passgeber spielt nun den gefühlvollen Pass über den sich entfernenden Mitspieler in den Lauf. Dieser schließt wieder mit einem Torschuss ab.

- Bei der letzten Steigerung dieser Übungsreihe muss der Mitspieler nicht nur den Torabschluss suchen, sondern vorher einen weiteren Gegenspieler ausspielen, der etwa   20 – 25 Meter vor dem Tor postiert ist. Der Rest wird wie bei der vorigen Übung durchgeführt.

Bei diesen Übungen empfiehlt es sich, die Gegenspieler mit „festen Positionen" zu belegen. Die jeweiligen Entfernungen für die Pässe und Torschüsse, sowie der Schwierigkeitsgrad der Übung, werden der Leistungsstärke und der Schusskraft angepasst.

Statisches Passspiel

Mit den folgenden Übungen soll die Sicherheit einfacher Pässe auch in der Kreisliga absolut perfektioniert werden.

Die Spieler passen sich den Ball abwechselnd mit der linken und rechten Innenseite zu. Der Ball wird zuerst gestoppt und dann direkt gespielt, wobei er durch zwei Hütchen gepasst werden soll. Die Entfernung ist abhängig vom Trainingszustand.

Statische Weitpässe

Die Zweiergruppen werden beibehalten. Es werden nun hohe Pässe geschlagen, die der Partner möglichst geschickt annehmen soll, bevor der Ball den Boden berührt. Nach der sicheren Ballannahme erfolgt der hohe Ball zurück zum Partner usw. (die Spieler wählen hierbei den höchstmöglichen Abstand zueinander).

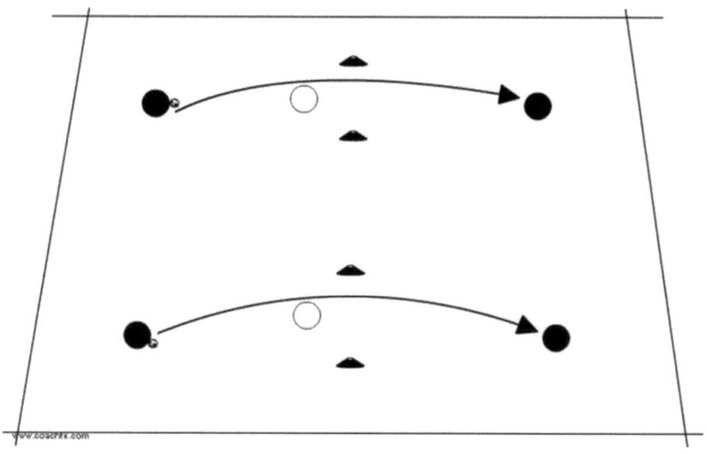

Bei der folgenden Übung wird der Schwierigkeitsgrad erhöht. In der Mitte der Zweiergruppe wird ein Gegenspieler positioniert, der versuchen soll, den Pass abzufangen. Er darf sich dabei nur im mittleren Drittel des Passbereiches befinden, also die Gegenspieler nicht direkt attackieren. Fängt er den Ball ab, werden die Positionen mit dem vorhergehenden Passgeber getauscht.

Weitere elementare Technikübungen für ein Stationentraining

Es wird wieder auf die „beidfüßige" Ausbildung geachtet.

° 2 – 4 Spieler stehen 10 – 30 Meter (je nach Trainingszustand und Spielstärke) zueinander. Der Ballbesitzer spielt den Ball in irgendeiner Form einem Partner zu, der den Ball annimmt und danach weiterspielt.
Das Passen erfolgt je nach Aufgabenstellung mit Innenseitstoß, Innenspannstoß, Vollspannstoß, oder Außenspannstoß.

° Die Spieler stehen sich in zwei Gruppen hintereinander gegenüber, der Abstand beträgt wieder 10 – 30 Meter. Der Spieler mit Ball passt zum Gegenüber, läuft zügig auf die andere Seite und stellt sich hinten wieder an.
Der nächste Ballbesitzer nimmt den Ball an und passt wieder usw. Danach wird über eine kürzere Entfernung der Ball direkt gespielt.

° 3 – 5 Spieler stehen im kurzen Abstand zueinander und spielen sich den Ball hoch zu, der angenommene Ball kann hoch und direkt weitergespielt werden oder wird ein bis mehrere Male hochgehalten.

° Die Spieler stehen 5 – 15 Meter hintereinander vor dem Tor, einer wirft den Ball seitlich halbhoch vor die Spieler, die dann mit einem Hüftdrehstoß auf das Tor schießen sollen. Der Spieler, der geschossen hat, stellt sich hinten an. Später wird der Wurfabstand vergrößert oder das Werfen erfolgt mit einem Einwurf.
Weitere Steigerungsformen sind das Anspiel über eine Flanke, „kurze Ecke oder den Eckstoß.

Literaturverzeichnis

Schnepper,W: D-Jugend / C-Jugend Fußballtraining - Mit 10 Profi-Trainingseinheiten den Erfolg sichern, BOD 2025

Claßen, M. / Schnepper, W.:
Taktiktraining im Jugendfußball, BOD, 2011

Claßen, M. / Schnepper, W.:
Taktiktraining im Jugendfußball 2, BOD, 2012

Claßen, M. / Schnepper, W.:
Pressing mit System, BOD, 2012

Schnepper, W. / Claßen, M.
E-Jugend / D-Jugendtraining: effektive Übungen,
BOD, 2014

Schnepper, W. / Claßen, M.
D-Jugend / C-Jugendtraining:
30 komplette Trainingseinheiten,
BOD, 2016

# Notizen

# Notizen